LA GUÍA MC DEL CAFÉ Y ESPRESSO

50 RECETAS SENCILLAS Y SABROSAS

JACQUES NOVELLO

TABLA DE CONTENIDO

INTRODUCCIÓN

¿Por qué amamos tanto el café? Bueno, ¡aparte del hecho de que es súper delicioso!

Una taza de café humeante es lo primero que buscan millones de personas cada mañana y hay una multitud de razones por las que estas personas lo hacen a diario. La cafeína que contiene desempeña dos funciones en la razón por la que las personas beben café. Primero, la cafeína en el café ayuda a mover la sangre de las personas y las hace sentir con energía. Los trabajadores de la madrugada tienden a depender de su café para ayudarlos a superar su día de trabajo.

La otra razón por la que la cafeína es una de las razones por las que la gente bebe café es que es adictiva. Hay muchas sustancias químicas en el café que le confieren propiedades adictivas y la cafeína es la principal. La abstinencia de cafeína puede causar dolores de cabeza e irritabilidad y muchas personas prefieren no dejar de tomar café.

El café se ha convertido en una bebida muy social similar en popularidad al alcohol. Las mañanas en la cafetería local son el lugar ideal para pasar el rato con amigos o reunirse para hablar de negocios. Las personas tienden a beber café en estas reuniones, les guste o no, lo que eventualmente les ayuda a desarrollar un gusto por él y luego se vuelve adictivo.

Los bebedores de café dicen que toman café para relajarse. Si bien esto puede parecer un oxímoron considerando que el café es un estimulante, una taza caliente de café descafeinado o, para algunas personas, incluso el café regular puede relajar los sentidos y ayudarlos a relajarse y calmar sus nervios. Los investigadores atribuyen el efecto calmante a la estimulación de los sentidos que ayuda en la creatividad y el estímulo mental que a su vez ayuda a calmar a algunas personas.

CAFÉ DE TODO EL MUNDO

1. Café Luisiana con Leche

Ingredientes:
- 2 tazas de leche
- Azúcar
- 1 taza de café de Luisiana con achicoria

Direcciones

a) Pon la leche en una cacerola; llevar a hervir.

b) Vierta café caliente recién hecho y leche
simultáneamente en tazas; endulzar con azúcar
al gusto.

2. Café danés

Ingredientes:
- 8 c Café caliente
- 1 taza de ron oscuro
- 3/4 taza de azúcar
- 2 ramitas de canela
- 12 clavos (enteros)

Direcciones

a) En una cacerola pesada muy grande, combine todos los ingredientes, cubra y mantenga a fuego lento durante aproximadamente 2 horas.

b) Sirva en tazas de café.

3. Café canadiense

Ingredientes:
- 1/4 taza de jarabe de arce; puro
- 1/2 taza de whisky de centeno
- 3 tazas de café; caliente, negro, doble fuerza

Adición:
- 3/4 taza de crema batida
- 4 cucharaditas de jarabe de arce puro

Direcciones
a) Topping-Batir 3/4 de taza de crema batida con las 4 cucharaditas de jarabe de arce hasta que forme un montículo suave.

b) Siga la receta del café aquí: Divida el jarabe de arce y el whisky entre 4 tazas de vidrio resistentes al calor precalentadas.
c) Vierta el café a 1 pulgada de la parte superior.
d) Vierta la cobertura sobre el café.
e) Atender

4. Café turco

Ingredientes:
- 3/4 taza de agua
- 1 cucharada de azúcar
- 1 cucharada de café pulverizado
- 1 vaina de cardamomo

Direcciones
a) Hierva el agua y el azúcar en el Ibrik
b) Retirar del fuego, agregar café y cardamomo.
c) Revuelva bien y vuelva a calentar.
d) Cuando el café forme espuma, retírelo del fuego y deje reposar el café molido.
e) Repite dos veces más. Vierta en tazas.
f) Los posos de café deben asentarse antes de beber.

g) Puedes servir el café con la vaina de cardamomo en la taza, tu eliges

Consejos de café turco

h) Debe servirse siempre con espuma encima.
i) Puede solicitar que su café sea molido para café turco, es una consistencia en polvo.
j) No revuelva después de verter en tazas ya que la espuma colapsará.
k) Utilice siempre agua fría al preparar
l) Nunca se agrega crema o leche al café turco, sin embargo, el azúcar es opcional

5. Café alemán

Ingredientes:
- 1/2 onza de brandy de cereza
- 5 onzas de café negro recién hecho
- 1 cucharadita de crema batida con azúcar
- Cereza marrasquino

Direcciones

a) Vierta el café y el brandy de cereza en una taza de café y agregue el azúcar para endulzar.

b) Cubra con crema batida y una cereza marrasquino.

c) Try Jason Kronung real café alemán, dicen que es el mejor

6. Café con huevo vietnamita

Ingredientes:
- 1 huevo

- 3 cucharaditas de Polvo de café vietnamita

- 2 cucharaditas de leche condensada azucarada
- Agua hirviendo

Direcciones

a) Prepare una pequeña cde café vietnamita.

b) Rompe un huevo y desecha las claras.

c) Pon la yema y la leche condensada azucarada en un tazón pequeño y hondo y bate vigorosamente hasta que obtengas una mezcla espumosa y esponjosa como la de arriba.

d) Agrega una cucharada de café preparado y bátelo.

e) En una taza de café transparente, vierta el café preparado y luego agregue la mezcla de huevo esponjoso encima.

7. Café con especias mexicanas

Ingredientes:
- 3/4 taza de azúcar morena, bien compacta
- 6 clavos
- 6 rodajas en juliana de ralladura de naranja
- 3 ramitas de canela
- 6 cucharadas Café preparado de verdad

Direcciones
a) En una cacerola grande, caliente 6 tazas de agua con el azúcar morena, las ramas de canela y los clavos a fuego moderadamente alto hasta que la mezcla esté caliente, pero no deje que hierva. Agregue el café, lleve la mezcla a ebullición, revolviendo ocasionalmente, durante

3 minutos. Colar el café por un colador fino y servir en tazas de café con la ralladura de naranja.

8. Café de las Indias Occidentales

Ingredientes:
- 3 1/2 tazas de leche entera
- 1/4 taza de café instantáneo
- 1/4 taza de azúcar morena
- 1 pizca de sal

Direcciones
a) Coloque el café instantáneo, el azúcar morena y la sal en su taza.
b) Deje que la leche comience a hervir con cuidado. Revuelva para disolver.

c) Sirva en tazas pesadas.
d) Rinde 4 porciones.

MEZCLAS DE CAFÉ

9. Café con leche

Ingredientes:
- 1 taza de leche
- 1 taza de crema ligera
- 3 cucharadas de café instantáneo
- 2 tazas de agua hirviendo

Direcciones

a) Calentar la leche y la nata a fuego lento hasta que estén calientes, mientras tanto disolver el café en agua hirviendo. Antes de servir, bata la mezcla de leche con un batidor giratorio hasta que quede espumosa. Vierta la mezcla de leche en una jarra calentada y el café en una jarra separada.
b) Para servir: Llene las tazas vertiendo de ambas jarras al mismo tiempo, haciendo que las corrientes se unan mientras vierte.
c) Este café es una presentación maravillosa y un delicioso favor.

10. Capuchino instantáneo de naranja

Ingredientes:
- 1/3 taza de crema en polvo no láctea
- 1/3 taza de azúcar
- 1/4 de café instantáneo seco
- 1 o 2 caramelos duros de naranja (triturados)

Direcciones

a) Mezcle todos los ingredientes en una batidora.
b) Mezcle 1 cucharada con 3/4 taza de agua caliente.
c) Almacenar en frasco hermético.

11. Mezcla de moca estilo suizo

Ingredientes:
- 1/2 taza de gránulos de café instantáneo
- 1/2 taza de azúcar
- 2 cucharadas de cacao
- 1 taza de leche en polvo descremada

Direcciones

a) Combinar todo y mezclar bien. Almacene la mezcla en un recipiente hermético.
b) Por cada ración:
c) Coloque 1 cucharada. + 1 cucharadita de mezcla en una taza.
d) Agregue 1 taza de agua hirviendo y revuelva bien.

12. Café irlandés instantáneo con crema

Ingredientes:
- 1 1/2 taza de agua tibia

- 1 cucharada Cristales de café instantáneo

- 1/4 taza de whisky irlandés
- Azúcar morena al gusto
- Aderezo de postre Rediwhip

Direcciones
a) En una medida de 2 tazas, combine el agua y los cristales de café instantáneo. Cocine en el microondas, sin tapar, al 100% de potencia

durante unos 4 minutos o hasta que esté al vapor.

b) Agregue el whisky irlandés y el azúcar morena. Sirva en tazas.

c) Cubra cada taza con Rediwhip.

13. Mezcla de café moca

Ingredientes:
- 1/4 taza de crema en polvo no láctea
- 1/3 taza de azúcar
- 1/4 taza de café instantáneo seco
- 2 cucharadas Cacao

Direcciones

a) Coloque todos los ingredientes en la batidora, bata a alta velocidad hasta que estén bien mezclados. Mezcle 1 1/2 cucharadas con una taza de agua caliente.

b) Guárdelo en un frasco hermético, como un frasco de conservas.

14. Café Instantáneo Mocha

Ingredientes:
- 1 taza de cristales de café instantáneo
- 1 taza de mezcla de chocolate caliente o cacao
- 1 taza de crema no láctea
- 1/2 taza de azúcar

Direcciones
a) Combine todos los ingredientes; mezclar bien. Guárdelo en un frasco bien tapado. Pruebe con un frasco de conservas.
b) Servir:

c) Coloque 1 1/2 - 2 cucharadas en una taza o tazón.
d) Agregue el agua hirviendo para llenar la taza.
e) Rinde 3 1/2 tazas de mezcla de café o alrededor de 25 porciones o más.

15. Mezcla de café vienés

Ingredientes:
- 2/3 taza (escasa) de café instantáneo seco
- 2/3 taza de azúcar
- 3/4 taza de crema en polvo no láctea
- 1/2 cucharadita de canela
- guión de pimienta de Jamaica molida
- pizca de clavo
- pizca de nuez moscada

Direcciones

a) Mezcle todos los ingredientes y guárdelos en un frasco hermético.

b) Mezcle 4 cucharaditas con 1 taza de agua caliente.

16. Mezcla de café para gorro de dormir

Ingredientes:
- 2/3 taza de crema de café sin lácteos
- 1/3 taza de gránulos de café descafeinado instantáneo
- 1/3 taza de azúcar granulada
- 1 cucharadita de cardamomo molido
- 1/2 cucharadita de canela en polvo

Direcciones

a) Combina todos los ingredientes en un tazón mediano; revuelva hasta que esté bien mezclado.

b) Almacenar en recipiente hermético. Rinde 1 1/3 tazas de mezcla de café

c) Vierta 1 cucharada colmada de mezcla de café en 8 onzas de agua caliente. Revuelva hasta que esté bien mezclado.

17. Mezcla de capuchino

Ingredientes:

- 6 cucharaditas de café instantáneo
- 4 cucharadas de cacao sin azúcar
- 1 cucharadita de canela molida
- 5 cucharadas de azúcar
- Crema batida

Direcciones

a) Mezclar todos los ingredientes.

b) Para preparar una porción de café, use 1 cucharada de mezcla y colóquela en una taza grande; vierta $1\frac{1}{2}$ tazas de agua hirviendo y revuelva. Cubra con crema batida

18. Café Cappuccino Mix

Ingredientes:

- 1/2 taza de café instantáneo
- 3/4 taza de azúcar
- 1 taza de leche en polvo descremada
- 1/2 cucharadita de cáscara de naranja seca

Direcciones

a) Moler la cáscara de naranja seca con un mortero. Mezcle todos los ingredientes.
b) Use una licuadora para combinar, hasta que esté pulverizado.
c) Por cada ración:
d) Use 2 cucharadas por cada taza de agua caliente.
e) Rinde aproximadamente 2 1/4 tazas de mezcla.

CAFÉ IRLANDÉS

19. Batido de café irlandés Shooter

Ingredientes:
- 1/2 taza de leche descremada
- 1/2 taza de yogur natural bajo en grasa
- 2 cucharaditas de azúcar
- 1 cucharadita de café instantáneo en polvo
- 1 cucharadita de whisky irlandés

Direcciones

a) Coloque todos los ingredientes en una licuadora a velocidad baja.

b) Licúa hasta que puedas ver que tus ingredientes se incorporan entre sí.

c) Utilice un vaso de batido alto para la presentación.

20. Buen viejo irlandés

Ingredientes:
- 1.5 onzas de licor de crema irlandesa
- 1.5 onzas de whisky irlandés
- 1 taza de café caliente
- 1 cucharada de crema batida
- 1 pizca de nuez moscada

Direcciones

a) En una taza de café, combine la crema irlandesa y el whisky irlandés.

b) Llene la taza con café. Cubra con una cucharada de crema batida.

c) Adorne con una pizca de nuez moscada.

21. Café irlandés Bushmills

Ingredientes:
- 1 1/2 onzas de whisky irlandés Bushmills
- 1 cucharadita de azúcar morena (opcional)
- 1 pizca de crème de menthe, verde
- Café fresco extra fuerte
- Crema batida

Direcciones

a) Vierta el whisky en una taza de café irlandés y llénela con café hasta 1/2 pulgada desde la parte superior. Agregue azúcar al gusto y mezcle. Cubra con crema batida y rocíe crème de menthe encima.

b) Sumerja el borde de la taza en azúcar para cubrir el borde.

22. Café irlandés fuerte

Ingredientes:
- 1 taza de café fuerte
- 1 1/2 oz de whisky irlandés
- 1 cucharadita de azúcar
- 1 cucharada de crema batida

Direcciones

a) Mezcle el café, el azúcar y el whisky en una taza grande para microondas.

b) Calienta en el microondas a temperatura alta de 1 a 2 min. Cubra con crema batida

c) Tenga cuidado al beber, puede necesitar un momento para enfriarse.

23. Café irlandés cremoso

Ingredientes:
- 1/3 taza de licor de crema irlandesa
- 1 1/2 tazas de café recién hecho
- 1/4 taza de crema espesa, ligeramente endulzada y batida

Direcciones

a) Divida el licor y el café en 2 tazas.
b) Cubra con crema batida.
c) Atender.

24. Café irlandés a la antigua

Ingredientes:
- 3/4 taza de agua tibia
- 2 cucharadas de whisky irlandés
- Relleno de postre Rediwhip
- 1 1/2 cucharadas de Cristales de Café Instantáneo
- Azúcar morena al gusto

Direcciones

a) Combina agua y cristales de café instantáneo. Microondas, sin tapar, encendido

b) 100% de potencia aproximadamente 1 1/2 minutos o simplemente hasta que esté muy caliente. Agregue el whisky irlandés y el azúcar morena. Cubra con cobertura Rediwhip o similar.

CAFÉ HELADO

25. Mochacchino helado

Ingredientes:
- 1/2 taza de espresso preparado, frío
- 6 cucharadas de sirope de chocolate
- 1 cucharada de azúcar
- 1/2 taza de leche
- 1 taza de helado de vainilla o yogur helado
- 1/4 taza de crema espesa, batida suavemente

Direcciones
a) Coloque el espresso, el jarabe de chocolate, el azúcar y la leche en una licuadora y mezcle para combinar.
b) Agrega el helado o el yogur y licúa hasta que quede suave.

c) Vierta la mezcla en dos vasos fríos y cubra
cada uno con crema batida y rizos de chocolate
o espolvoree canela o cacao.

26. Café helado de almendras

Ingredientes:
- 1 taza de café fuerte
- 1 taza de leche desnatada
- 1/2 cucharadita de extracto de vainilla
- 1/2 cucharadita de extracto de almendras
- 1 cucharadita de azucar
- Canela para decorar
- Aderezo de postre como Rediwhip

Direcciones
a) Combine 1 taza de café fuerte con 1 taza de leche desnatada, el extracto de vainilla, el extracto de almendras y el azúcar.
b) Vierta en vasos llenos de hielo de 2 a 10 onzas
c) Adorna con la canela.

27. Café helado de canela

Ingredientes:

- 4 tazas de café fuerte (use de 2 a 4 cucharaditas instantáneas en 1 taza de agua hirviendo
- 1 rama de canela de 3 ", partida en trozos pequeños
- 1/2 taza de crema espesa
- Los jarabes de café tienen muchos sabores. La vainilla complementaría la canela.

Direcciones

a) Vierta el café caliente sobre los trozos de canela; tapar y dejar reposar aproximadamente 1 hora.

b) Retire la canela y agregue la crema. Enfríe bien.

c) Para servir, vierta en vasos llenos de hielo. Agregue la cantidad deseada de jarabe de café.

d) Si lo desea, cubra con crema batida endulzada y espolvoree con canela molida. Utilice palitos de canela como agitadores.

28. Hielo de café

Ingredientes:
- 2 tazas de espresso elaborado
- 1/4 taza de azúcar
- 1/2 cucharadita de canela en polvo

Direcciones

a) En una cacerola a fuego medio, cocine a fuego lento todos los ingredientes hasta que se disuelvan.

b) Coloque la mezcla en un plato de metal, cubra y congele durante al menos 5 horas, revolviendo la mezcla exterior congelada en el centro cada media hora, hasta que esté firme pero no completamente congelada.

c) Justo antes de servir, raspe la mezcla con un tenedor para aligerar la textura. Rinde 4 porciones (1/2 taza).

29. Café helado Au Lait

Ingredientes:
- 2 1/4 de café frío recién hecho
- 2 tazas de leche
- 2 tazas de hielo picado
- Azúcar al gusto

Direcciones
a) Licúa todos los ingredientes en una licuadora.
b) Agregue el azúcar y continúe licuando hasta que esté espumoso.
c) Verter sobre hielo
d) Servir inmediatamente.

30. Café helado cremoso

Ingredientes:
- 1 taza de café fuerte frío
- 2 cucharadas de azúcar en polvo redondeadas
- 3 tazas de hielo picado

Direcciones
a) Combina el café, el azúcar y el hielo.
b) Licuar hasta que quede cremoso

CAFÉ ALCOHÓLICO

31. Ron Café

Ingredientes:
- 12 oz de café recién molido, preferiblemente chocolate con menta o chocolate suizo
- 2 oz o más de ron 151
- 1 cucharada grande de crema batida
- 1 oz de licor Haagen-Dazs o crema irlandesa Baileys
- 2 cucharadas de sirope de chocolate

Direcciones

a) Moler el café recién hecho.

b) Elaborar cerveza.

c) En una taza grande, ponga más de 2 onzas de ron 151 en el fondo.

d) Vierta el café caliente en la taza 3/4 de su altura.

e) Agregue la crema irlandesa HagenDaz o Bailey's.

f) Revolver.

g) Cubra con la crema batida fresca y rocíe con el jarabe de chocolate.

32. Café irlandés Kahlua

Ingredientes:

- 2 oz de Kahlua o licor de café
- 2 oz de whisky irlandés
- 4 tazas de café caliente
- 1/4 taza de crema batida, batida

Direcciones

a) Vierta media onza de licor de café en cada taza. Agregue media onza de whisky irlandés a cada uno.

b) taza. Vierta el café caliente recién hecho humeante, revuelva. Cuchara dos colmados

c) cucharada de crema batida encima de cada uno. Sirva caliente, pero no tan caliente que le queme los labios.

33. Capuchino irlandés de Bailey

Ingredientes:
- 3 oz de crema irlandesa de Bailey
- 5 oz de café caliente -
- Aderezo de postre enlatado
- 1 pizca de nuez moscada

Direcciones

a) Vierta la crema irlandesa de Bailey en una taza de café.

b) Rellenar con café negro caliente. Cubra con un solo rocío de cobertura para postre.

c) Espolvoree la cobertura de postre con una pizca de nuez moscada

34. Brandy Café

Ingredientes:

- 3/4 taza de café fuerte caliente
- 2 onzas de brandy
- 1 cucharadita de azúcar
- 2 onzas de crema espesa

Direcciones

a) Vierta el café en un vaso alto. Agrega el azúcar y revuelve para que se disuelva.

b) Agrega el Brandy y revuelve nuevamente. Vierta la crema, sobre el dorso de una cucharadita mientras la sostiene, ligeramente por encima de la parte superior del café en la taza. Esto le permite flotar.

c) Atender.

35. Salsa Kahlua y chocolate

Ingredientes:
- 6 tazas de café caliente
- 1 taza de sirope de chocolate
- 1/4 taza de Kahlua
- $\frac{1}{8}$ cucharadita de canela molida
- Crema batida

Direcciones
a) Combine el café, el jarabe de chocolate, Kahlua y la canela en un recipiente grande; revuelva bien.
b) Servir inmediatamente. Cubra con crema batida.

Salsa de chocolate

Ingredientes:
- 1/2 taza de azucar
- 2 cucharadas de cacao
- 1/8 cucharadita de sal
- 1 1 / 2-2 cucharadas de mantequilla
- 1/4 taza de agua
- 1/4 de cucharadita de extracto de vainilla

Direcciones
a) Combine el azúcar, el cacao y la sal en una cacerola pequeña.
b) Agregue suficiente agua para obtener una consistencia que pueda revolver.
c) Agregue mantequilla a la mezcla de cacao.
d) Llevar a ebullición a fuego medio alto, revolviendo constantemente.
e) Deje hervir durante 1 minuto.
f) Retírelo del calor.
g) Agrega la vainilla.

36. Licor De Café Casero

Ingredientes:
- 4 taza de azúcar
- 1/2 taza de café instantáneo - use agua filtrada
- 3 taza de agua
- 1/4 cucharadita de sal
- 1 1/2 taza de vodka, de alta graduación
- 3 cucharadas de vainilla

Direcciones

a) Combine el azúcar y el agua; hervir hasta que el azúcar se disuelva. Reduzca el fuego a fuego lento y cocine a fuego lento durante 1 hora.

b) DEJAR ENFRIAR.

c) Agrega el vodka y la vainilla.

37. Café Brandy Kahlua

Ingredientes:

- 1 onza de Kahlua
- 1/2 onza de brandy
- 1 taza de café caliente
- Crema batida para cubrir

Direcciones

a) Agregue Kahlua y brandy al café.

b) Decora con la nata montada.

38. Espresso de lima y tequila

Ingredientes:
- Doble trago de espresso
- 1 chupito de tequila blanco
- 1 lima fresca

Direcciones

a) Pasa una rodaja de lima por el borde de un vaso expreso.
b) Vierta un trago doble de expreso sobre hielo.
c) Agrega un trago de tequila blanco
d) Atender

39. Café con brandy endulzado

Ingredientes:
- 1 taza de café recién hecho
- 1 oz de licor de café
- 1 cucharadita de jarabe de chocolate
- 1/2 oz de brandy
- 1 pizca de canela
- Crema Batida Dulce

Direcciones
a) Combine licor de café, brandy, sirope de chocolate y canela en una taza y llénela con café recién hecho.
b) Cubra con crema batida.

Sirope de chocolate casero

Ingredientes:

- 1/2 taza de almíbar
- 2 cucharadas de cacao
- 1/8 cucharadita de sal
- 1 1/2 cucharada de mantequilla
- 1/4 taza de agua
- 1/4 cucharadita de extracto de vainilla

Direcciones

a) Combine el azúcar, el cacao y la sal en una cacerola pequeña.
b) Agregue suficiente agua para obtener una consistencia que pueda revolver.
c) Agregue mantequilla a la mezcla de cacao.
d) Llevar a ebullición a fuego medio alto, revolviendo constantemente.
e) Deje hervir durante 1 minuto, revolviendo.
f) Retirar del fuego y agregar la vainilla.

40. Cena Fiesta Café

Ingredientes:

- 3 tazas de café descafeinado muy caliente
- 2 cucharadas de azúcar
- 1/4 taza de ron claro u oscuro

Direcciones

a) Combine el café muy caliente, el azúcar y el ron en una olla caliente.

b) Duplica según sea necesario.

41. Café dulce de arce

Ingredientes:
- 1 taza mitad y mitad
- 1/4 taza de jarabe de arce
- 1 taza de café caliente
- Crema batida azucarada

Direcciones

a) Cocine la mitad y mitad y el jarabe de arce en una cacerola a fuego medio. Revolviendo constantemente, hasta que esté completamente caliente. No permita que la mezcla hierva.

b) Agregue el café y sirva con crema batida azucarada.

42. Sueño de Dublín

Ingredientes:

- 1 cucharada Café instantáneo

- 1 1/2 cucharada de chocolate caliente instantáneo
- 1/2 oz de licor de crema irlandesa
- 3/4 taza de agua hirviendo
- 1/4 taza de crema batida

Direcciones

a) En un vaso de café irlandés, coloque todos los ingredientes excepto la crema batida.

b) Revuelva hasta que esté bien mezclado y decore con crema batida.

43. Café Di Saronno

Ingredientes:

- 1 onza de Di saronno amaretto
- 8 fl de café
- Crema batida

Direcciones

a) Mezcle Di Saronno Amaretto con café, luego cubra con crema batida.

b) Sirva en taza de café irlandesa.

44. Baja Coffee

Ingredientes:

- 8 taza de agua caliente
- 3 cucharadas de café instantáneo en gránulos
- 1/2 taza de licor de café
- 1/4 taza de licor de crema de cacao
- 3/4 taza de crema batida
- 2 cucharadas de chocolate semidulce rallado

Direcciones

a) En una olla de cocción lenta, combine el agua caliente, el café y los licores.

b) Cubra y caliente a BAJA 2-4 horas. Sirva en tazas o vasos a prueba de calor.

c) Cubra con crema batida y chocolate rallado.

45. Café praliné

Ingredientes:
- 3 tazas de café caliente
- 3/4 tazas Mitad y mitad
- 3/4 tazas de azúcar morena liviana bien compacta
- 2 cucharadas de mantequilla o margarina
- 3/4 taza de licor de praliné
- Crema batida azucarada

Direcciones

a) Cocine los primeros 4 ingredientes en una cacerola grande a fuego medio, revolviendo constantemente, hasta que estén completamente calientes, no hierva.

b) Incorpora el licor; sirva con crema batida azucarada.

46. Licor de praliné

Ingredientes:
- 2 tazas de azúcar moreno oscuro bien empacado
- 1 taza de azucar blanca
- 2 1/2 tazas de agua
- 4 tazas de Pecan Pecan
- 4 vainas de vainilla partidas a lo largo
- 4 tazas de vodka

Direcciones

a) Combine el azúcar morena, el azúcar blanca y el agua en una cacerola a fuego medio, hasta que la mezcla comience a hervir. Reduzca el fuego y cocine a fuego lento durante 5 minutos.

b) Coloque las vainas de vainilla y las nueces en un frasco de vidrio grande (ya que esto rinde 4 1/2 tazas Vierta la mezcla caliente en el frasco y deje enfriar. Agregue vodka

c) Cúbralo bien y guárdelo en un lugar oscuro. Dé la vuelta al frasco todos los días durante las próximas 2 semanas para mantener todos los ingredientes combinados. Después de 2 semanas, cuele la mezcla, descartando los sólidos.

47. Amaretto Café '

Ingredientes:
- 1 1/2 tazas de agua tibia
- 1/3 taza de Amaretto
- 1 cucharada de cristales de café instantáneo
- Aderezo de crema Redi Whip-real

Direcciones

a) Mezcle el agua y los cristales de café instantáneo en un plato apto para microondas.

b) Cocine en el microondas sin tapar, al 100% de potencia durante unos 3 minutos o hasta que esté humeante.

c) Agrega el Amaretto. Sirva en tazas de vidrio transparente. Cubra cada taza de mezcla de café con un poco de cobertura de postre.

48. Café Au Cin

Ingredientes:
- 1 taza de café tostado francés fuerte y frío
- 2 cucharadas de azúcar granulada
- pizca de canela
- 2 oz de oporto Tawny
- 1/2 cucharadita de piel de naranja rallada

Direcciones

a) Combine y mezcle en una licuadora a alta velocidad.

b) Vierta en copas de vino heladas.

49. Capuchino con pinchos

Ingredientes:
- 1/2 taza Mitad y mitad
- 1/2 taza de espresso recién hecho
- 2 cucharadas de brandy
- 2 cucharadas de ron blanco
- 2 cucharadas de crema de cacao oscura
- Azúcar

Direcciones

a) Batir mitad y mitad en una cacerola pequeña a fuego alto hasta que esté espumoso, aproximadamente 3 minutos.

b) Divida el café expreso entre 2 tazas. Agrega la mitad del brandy y la mitad de la crema de cacao a cada taza.

c) Vuelva a batir mitad y mitad y vierta en tazas.

d) El azúcar es opcional

50. Café gaélico

Ingredientes:
- Café negro; recién hecho
- Whisky escocés
- Azúcar moreno crudo
- Crema batida real; batido hasta que esté ligeramente espeso

Direcciones

a) Vierta el café en un vaso calentado.

b) Agrega el whisky y el azúcar morena al gusto.
   Revuelva bien.

c) Vierta un poco de crema batida en el vaso
   sobre la parte posterior de una cucharadita que
   está justo encima de la parte superior del
   líquido en la taza.

d) Debería flotar un poco.

CONCLUSIÓN

Hay millones de personas que simplemente aman el sabor del café. Este sabor es diferente para cada bebedor de café debido a la gran variedad de sabores, tuestes y variedades de café disponibles en el mercado. A algunas personas les gusta un sabor de café oscuro y profundo, mientras que a otras personas les gusta un tueste más ligero, suave y meloso.

Independientemente del sabor, la gente se siente atraída por su taza de café matutina. Las principales razones por las que las personas beben café son tan variadas como los tipos de café disponibles para beber. Independientemente de las razones por las que la gente bebe café, solo es superado por el consumo de agua y cada día el número de bebedores de café crece tremendamente añadiendo a la lista sus propias razones para beberlo.

Si eres un entusiasta del café o un recién convertido, ¡estas recetas te ayudarán en gran medida a profundizar tu amor por el café!

¡Feliz elaboración de cerveza!

CPSIA information can be obtained
at www.ICGtesting.com
Printed in the USA
BVHW09072723062l
610212BV00009B/1174

9 781802 886504